Vida marina para lectores jóvenes

Corales

Contenido

- **Acerca de los corales**   **3**
- **Tipos de corales**   **9**
- **Arrecifes de coral**   **15**
- **Glosario**   **24**
- **Índice**   **24**

Texto de Stanley L. Swartz
Fotografías de Robert Yin

DOMINIE PRESS
Pearson Learning Group

2

Corales

Los corales parecen plantas. Pero son **animales**. Los corales viven en el agua. No pueden vivir en el aire.

◄ Coral estrellado

Los corales tienen formas diferentes.
Su cuerpo es duro y se llama **esqueleto**.
El coral que se ve en la playa es un
esqueleto.

◄ Coral hongoso

Corales blandos

Algunos corales son blandos. Si los
tocas, parecen gelatina. Los abanicos
de mar son corales blandos. Viven en
los **arrecifes de coral**.

◀ Abanico de mar gorgonia

Corales duros

Algunos corales son **duros**. Si los tocas, parecen rocas. Los corales burbuja son corales duros. También viven en los arrecifes de coral.

◄ Coral duro de burbuja

Los corales duros pueden ser filosos. Un barco puede hundirse si choca contra un arrecife de coral. El coral filoso también puede lastimar a los buzos. Algunos corales son **venenosos**.

◀ Coral acropora

Arrecifes de coral

Los **jardines** de coral se llaman arrecifes. Los arrecifes de coral viven en aguas templadas. A los corales les gusta el agua en movimiento. El agua le trae comida al coral.

◀ Arrecife de coral

Arrecife costero

Hay tres tipos principales de arrecifes de coral. El primero se llama **arrecife costero**. Los arrecifes de coral costeros están pegados al suelo. En estos arrecifes viven muchos tipos diferentes de corales.

◀ **Arrecife de coral**

16

Arrecife de barrera

El segundo tipo de arrecife de coral se llama **arrecife de barrera**. Hay agua entre los arrecifes de coral barrera y la tierra firme. Los arrecifes de coral barrera son muy grandes. Hay un arrecife de coral barrera que mide más de mil millas.

◀ Coral blando

Arrecife atolón

El tercer tipo de arrecife de coral se llama atolón. Un atolón tiene forma de **anillo**. Hay agua en el anillo. Hay gente que vive en atolones grandes.

◄ Coral rosado blando

Los arrecifes de coral tienen muchos colores. El coral rojo es muy **caro**. Se puede cortar y pulir. Se usa para hacer anillos y collares.

◄ Coral blando

Los arrecifes de coral son animales vivos. Se les puede hacer **daño**. Los barcos y los buzos pueden hacerles daño. Debemos proteger a los arrecifes de coral.

◀ **Abanico de mar gorgonia**

Glosario

anillo:	algo que forma un círculo
animales:	organismos vivos que no son plantas
arrecife de barrera:	arrecife largo y angosto que está separado del suelo
arrecife costero:	arrecife de coral que está pegado al suelo
arrecifes de coral:	bancos firmes de coral
caro:	algo que cuesta mucho dinero
daño:	lastimado o herido
duros:	firmes, que no son blandos
esqueleto:	hueso o concha dura
jardines:	conjunto de organismos vivos
venenosas:	cosas que causan enfermedades o la muerte

Índice

anillo(s), 19, 21

blandos, 7

burbuja, 9

buzos, 11, 23

collares, 21

esqueleto, 5

filosos, 11

firme, 17

gelatina, 7

millas, 17

principales, 15

proteger, 23

rocas, 9